Shaozhong Liu
Fengrong Liao
Zhipeng Liu

Metáforas para a universidade

Shaozhong Liu
Fengrong Liao
Zhipeng Liu

Metáforas para a universidade

Um estudo orientado para a base de dados

ScienciaScripts

Imprint

Cover image: www.ingimage.com

This book is a translation from the original published under ISBN 978-3-659-84993-0.

Publisher:
Sciencia Scripts
is a trademark of
Dodo Books Indian Ocean Ltd. and OmniScriptum S.R.L publishing group

120 High Road, East Finchley, London, N2 9ED, United Kingdom
Str. Armeneasca 28/1, office 1, Chisinau MD-2012, Republic of Moldova, Europe
Printed at: see last page
ISBN: 978-620-8-31760-7

Índice

Sinopse

As perspectivas metafóricas para compreender o ensino superior e as questões que o rodeiam são vastas na literatura até à data. O presente estudo responde a esta tendência académica, investigando explicitamente as metáforas que foram cunhadas para captar a natureza da universidade moderna. Recorrendo às bases de dados MultiSearch e JournalFinder, este projeto identifica e reúne as metáforas que prevaleceram no discurso académico sobre educação no início dos anos 2000, numa tentativa de responder a três questões de investigação: Uma, quais são as metáforas que usamos para descrever a universidade? Segundo, o que é que essas metáforas dizem sobre a forma como entendemos a universidade? E, em terceiro lugar, de que forma afectam e reflectem a forma como dirigimos a universidade e vivemos a vida no campus, especialmente a forma como percepcionamos e relacionamos aqueles que dirigem a universidade? O estudo refere que, de entre uma lista de metáforas que assinalam a mudança ambiental da universidade após o início do Novo Milénio, algumas foram especialmente proeminentes. Indica também que, de um modo geral, essas metáforas predominantes revelaram percepções diversas sobre os papéis plurais da universidade moderna. Como tal, sugere que o emprego frequente de metáforas no novo modo de discurso académico defendia e encorajava uma cultura de liderança em todo o campus e uma vida de constante negociação de significados e valores do ensino superior na nova era. O estudo termina com uma discussão sobre as limitações da literatura relacionada e as orientações para investigação futura.

Palavras-chave: metáfora; universidade; base de dados; implicações

1. A metáfora como descritor da universidade

Estão em todo o lado. Estão em todo o lado.

(Morphew & Hartley, 2006, p.1)

A universidade nunca se viu confrontada com um ambiente tão intrincado como no século XXI. Para dar sentido ao novo ambiente, os académicos recorreram a múltiplas abordagens, sincrónicas (tais como: Altbach, 2003; Altbach, Berdahl, & Gumport, 2005; Berdahl, Altbach, & Gumport, 2005; Zusman, 2005), diacrónicas (como: Berger & Calkins, 2003; Goodchild, 2002; Thelin, 2004; Thelin, Edwards, & Moyen, 2003), discursiva (como: Ayers, 2005; Heracleous, 2002) e retórica (como: Kerr, 2001). Consequentemente, foram feitas percepções plurais e propostos diversos pontos de vista sobre os novos cenários em que a universidade se situa. [st]Enquanto alguns consideram o cenário do século XXI como um "mercado" (Bok, 2003; Orlans, 2004), outros encaram-no como um "caos" (Bergquist, 1998), "uma tempestade perfeita" (Boggs, 2004; Tierney, 2004), "pontes e barreiras" (Boswell, 2004), "fissuras na rocha" (Lovett, 2002), ou simplesmente "tempos preocupantes" (Fields, 2004) e "tempos turbulentos" (Stimpert, 2004). De facto, não é exagero dizer que vivemos de metáforas (Lakoff e Johnson, 1980), porque as metáforas estão em todo o lado (Morphew e Hartley, 2006).

Por conseguinte, os esforços para descobrir todas as metáforas podem acabar em vão, uma vez que a lista de metáforas se pode prolongar indefinidamente. No entanto, os investigadores tendem a concordar que o novo ambiente que assola a universidade não é mais intrigante do que um "verdadeiro Novo Milénio" (Fields, 2002), uma expressão metafórica simultaneamente inflamada e caracterizada pela mudança e pela incerteza (Bergquist, 1998). [st]Por conseguinte, os esforços dos investigadores para dar sentido ao milieu universitário do século XXI forneceram pistas esclarecedoras para a compreensão do ensino superior, como fez Altman (2004) no seu artigo "baker's dozen".

É necessário fazer uma menção especial a vários nomes conhecidos, se não mesmo grandes, que defenderam o esforço e a prática de criar metáforas para enquadrar o ambiente do ensino superior que se desenhava em grande medida para os primeiros anos do Novo Milénio.

Thelin (2004), por exemplo, tentou iluminar o mundo académico do ensino superior com um relato completo e divertido do desenvolvimento do ensino superior americano. Como historiador do ensino superior, não só narrou sucintamente o início do ensino superior no Novo Mundo, como também descreveu de forma comovente o seu crescimento. Ao longo do seu importante livro, intitulado *A History of American Higher Education (Uma História do Ensino Superior Americano)*, o autor continuou a recorrer a acontecimentos factuais e a relacioná-los com acontecimentos históricos para ajudar o público a captar a linha evolutiva do ensino superior americano. No processo de leitura, os leitores podem não só ser informados sobre os tempos áureos do ensino superior, em relação aos quais se sentem geralmente bem, mas também sobre os tempos difíceis, que os fazem refletir profundamente. No final do livro, Thelin emprega meticulosamente a frase "coming of age in America: Higher education as a troubled giant", que soa mais como um trocadilho, no sentido em que, entre os anos 70 e 2000, o ensino superior americano se estabeleceu como um modelo único no mundo e, entretanto, deu início a muitos problemas inevitáveis durante o seu crescimento. Para o historiador, algumas das questões mais reveladoras com que se confrontava o ensino superior no seu conjunto, e o "gigante problemático" americano em particular, incluiriam: a evolução demográfica, a evolução do perfil dos estudantes, a evolução do perfil do corpo docente, a evolução do currículo, o aumento dos custos e a diminuição do apoio financeiro governamental, a evolução da natureza da universidade e o crescimento dos sectores com fins lucrativos, a acreditação e a coordenação centralizada do governo, a equidade, o género e o estatuto das minorias. [th]Numa palavra, quando o ensino superior avançou para o final do século XX, assistiu a mais mudanças, tanto internas como externas, do que nunca, e o seu futuro foi ensombrado por mais incertezas e ambiguidades. É para este fim que os investigadores do ensino superior devem dirigir a sua atenção e os seus esforços.

Ao contrário de Thelin, Altbach, Berdahl e Gumport (2005) centraram-se mais na análise ambiental da universidade; tentaram captar a natureza da universidade enumerando as questões que a acompanham. Segundo os seus conhecimentos, existem cinco questões centrais que afectam a universidade do século XXI. Estas incluem: o financiamento do ensino superior (Johnstone, 2005), a tecnologia (Gumport & Chun, 2005), o ensino pós-graduado e a investigação (Gumport, 2005), o cânone do currículo e o multiculturalismo

(Wilson, 2005), e a raça e a equidade no ensino superior (Altbach, Lomotey, & Kyle, 2005). Todos os debates demonstraram fortemente que a universidade pós-moderna, situando-se num ambiente de intrusões sociais, políticas e económicas, enfrentou mais desafios do que nunca e tornou-se cada vez mais indistinta quanto à sua missão e carácter.

stCom a forte convicção de que a metáfora, um exemplo concreto da abordagem retórica, é o descritor da universidade, ou seja, a metáfora pode ser tanto um quadro de análise como uma ferramenta de perceção, embarcámos neste estudo com o objetivo de contribuir para o diálogo em curso sobre o significado da universidade, especialmente durante os primeiros anos do Novo Milénio. As metáforas podem constituir um quadro de análise, na medida em que são os melhores descritores da universidade e, como tal, ajudam a evidenciar a forma como as pessoas tentaram justificar-se na defesa e no reforço dos valores tradicionalmente adoptados da universidade. As metáforas podem também ser um instrumento de perceção, na medida em que a investigação e a prática do ensino superior ao longo das últimas décadas têm procurado melhores metáforas para a universidade, ou, mais exatamente, para compreender como os líderes de vários níveis institucionais têm procurado os valores e expressado esses valores nas suas melhores metáforas possíveis, tal como foi evidenciado em trabalhos pioneiros como o de Monson (1967).

Infelizmente, tem havido uma falta generalizada de um estudo global dessas metáforas. De facto, não houve uma análise pós-moniana das metáforas ricas que descrevem a universidade. Por essa razão, não temos conhecimento das metáforas gerais cunhadas para a universidade, dos esquemas ou padrões empregues na criação dessas metáforas e de outras questões conexas a abordar.

Este projeto, que constitui um estudo explícito sobre a literatura relacionada com as metáforas para a universidade, visa traçar o panorama dos esforços metafóricos para narrar a natureza da universidade no Novo Milénio. stPor outras palavras, trata-se de uma revisão da literatura relacionada com as metáforas universitárias que emergiram ao longo dos primeiros anos do século XXI, nomeadamente entre 2000 e 2005.

Especificamente, tentámos recolher dados para responder a três questões de investigação essenciais: Em primeiro lugar, qual é o panorama geral da investigação sobre este tema? Mais precisamente, quais são as metáforas que utilizamos para descrever a universidade?

Segundo, quais são algumas das caraterísticas ou tendências mais salientes no esforço de metaforização? Ou, o que é que essas metáforas dizem sobre a forma como entendemos a universidade? E, em terceiro lugar, como é que essas metáforas afectam e reflectem a forma como lideramos a universidade e vivemos a vida no campus, especialmente a forma como percebemos e relacionamos aqueles que lideram a universidade?

Aparentemente, a análise das três questões de investigação tem um significado tanto teórico como prático. Teoricamente, a abordagem das questões fundamentais acima referidas relativas à utilização da metáfora no meio académico ajuda a formular a nossa compreensão global sobre as metáforas no ensino superior e a sua relação com a investigação sobre a metáfora e a liderança e vida universitárias. Em termos práticos, uma tentativa orientada para a base de dados de examinar o uso da metáfora é uma forma oportuna e eficaz de investigação da metáfora, e a definição das limitações relevantes na literatura relacionada ajuda a traçar possíveis direcções para a investigação futura.

2. MultiSearch e JournalFinder

Base de dados: uma coleção geralmente grande de dados organizados especialmente para pesquisa e recuperação rápidas (como por um computador)

(http://www.merriam-webster.com/dictionary/database)

Foram utilizadas duas ferramentas de pesquisa poderosas e pragmáticas, bem como bases de dados, para localizar a literatura relevante. Uma delas foi o MultiSearch e a outra o JournalFinder, ambas normalmente disponíveis nas bibliotecas universitárias nos dias de hoje. No nosso caso, utilizámo-las convenientemente na Biblioteca Jackson da Universidade da Carolina do Norte em Greensboro (UNCG).

O MultiSearch, uma mistura de "Multiple Search" (pesquisa múltipla), é um prático e poderoso motor de pesquisa múltipla. Como tal, está ligado em rede a vários sistemas de bases de dados e motores de pesquisa, como ilustra o gráfico seguinte:

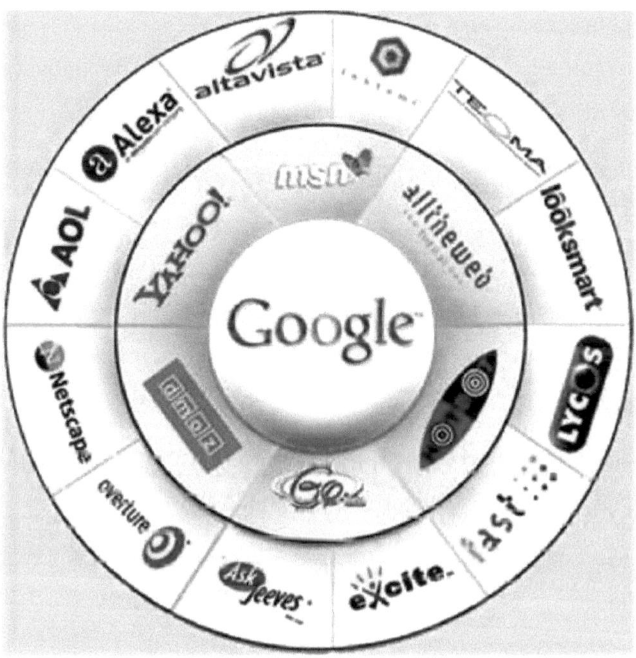

(De: http://www.xip.cc/2009/06/03/multi-search-engine/)

MultiSearch em http : //libproxy.uncg.edu : 3 783/im/index.j sp?profile=uncg, direciona convenientemente os utilizadores para conjuntos de itens nas seguintes bases de dados robustas: 1) Catálogos de bibliotecas (biblioteca da UNCG, Worldcat, catálogos de bibliotecas de todo o mundo), 2) Artigos de periódicos, jornais e revistas (EBSCO geral, InfoNexis geral, InfoTrac OneFile geral, ProQuest geral, PsycINFO psicologia, PubMed medicina, America history and life, JSTOR periódicos electrónicos selecionados, Project Muse periódicos electrónicos selecionados), 3) Enciclopédias, dicionários, livros electrónicos, etc. (Gale Virtual Reference Library, Grove Music, NetLibrary e-books, Oxford Reference Online), Encyclopedias, Dictionaries, E-books, etc. (Gale Virtual Reference Library, Grove Music, NetLibrary e-books, Oxford Reference Online), e 4) Google.

O JournalFinder (http : //j ournalfinder. elsevier.com/) ou (http ://joumalfmder.uncg.edu/uncg/), uma ferramenta de pesquisa única, bem como uma base de dados da invenção da Elsevier, tem como objetivo ajudar os autores a descobrir as revistas adequadas para a publicação dos seus próprios trabalhos de investigação. A nossa experiência de utilização assegurou-nos que o JournalFinder é capaz e digno de confiança para selecionar e localizar as revistas e os artigos nelas armazenados.

Foram observadas as três etapas seguintes na pesquisa de dados:

Em primeiro lugar, no portal MultiSearch, foram introduzidas palavras-chave como "metáforas do ensino superior" para que as ferramentas ajudassem a explorar e a comunicar todos os itens relevantes encontrados, sob a forma de artigos, livros e dissertações, nas respectivas bases de dados. O total de itens que podem ser prontamente recuperados também foi registado.

Em seguida, foram eliminados os resultados das pesquisas que não se situavam entre 2000 e 2005, ou seja, os anos iniciais do Novo Milénio, o foco do estudo.

Por último, os artigos que não estavam acessíveis através das ligações fornecidas foram consultados com o JournaFinder.

A secção seguinte apresenta os resultados da pesquisa e uma discussão dos resultados.

3. Resultados da pesquisa e análises gerais

Metáforas ricas para a universidade

No Quadro 1 e no Quadro 2 abaixo, tabulámos os resultados da nossa pesquisa em relação às palavras-chave e às bases de dados.

Tabela 1: Resultados da pesquisa de 14 palavras-chave

Palavras-chave	Base de dados	
	Itens encontrados	Itens recuperáveis
Metáforas universitárias	6101 (19.07)	161 (4.53)
Metáforas universitárias	1992 (6.23)	262 (7.37)
Metáforas do colégio e da universidade	1763 (5.51)	190 (5.34)
Metáforas para a universidade	6062 (18.95)	197 (5.5.4)
Metáforas recentes para a universidade	3291 (10.29)	148 (4.16)
Metáforas para a universidade no novo milénio	336 (1.05)	123 (3.46)
Metáforas institucionais educativas	299 (0.93)	96 (2.70)
Metáforas do ensino superior	1378 (4.31)	130 (3.65)
Metáforas organizacionais	486 (1.52)	331 (9.31)
Linguagem organizacional	3087 (9.65)	407 (11.44)
Metáforas de liderança	1173 (3.67)	294 (8.27)
Metáforas de liderança no ensino superior	406 (1.27)	137 (3.85)
Metáforas institucionais	125 (0.39)	132 (3.71)
Linguagem institucional	6776 (21.18)	512 (14.39)
Total: 14	31997	3557 (11.12)

Tabela 2: Resultados da pesquisa em 12 bases de dados

Bases de dados	Conclusões	
	Itens encontrados	Itens recuperáveis
América: História e Vida	96 (0.32)	96 (2.93)
EBSCO (geral)	?*	40 (1.22)
Resumos históricos (não americanos de 1450 até à atualidade)	164 (0.54)	135 (4.12)
InfoTrac OneFile (geral)	306 (1.02)	248 (7.57)
JSTOR (revistas electrónicas selecionadas)	404/resultados da pesquisa**	
LexisNexis (geral)	500 (1.66)	268 (8.18)
Project Muse (revistas electrónicas selecionadas)	26751 (88.80)	1034 (31.55)
ProQuest (geral)	?	418 (12.76)
PsycINFO (psicologia)	36 (0.12)	100 (3.05)
PubMed (Medline)	?	308 (9.40)
Catálogo da Biblioteca da UNCG	174 (0.58)	216 (6.59)
Worldcat (catálogos de bibliotecas de todo o mundo)	2240 (7.44)	414 (12.63)
Total de fontes: 12	30125	3277 (10.88)

* = total de itens indisponíveis ou não apurados no momento da pesquisa (o mesmo daqui em diante)

** = erro de pesquisa; tratei este resultado como, em função, "0" ou "total não disponível" (o mesmo daqui em diante).

Ambas as tabelas ajudam a mostrar que, nos primeiros anos do Novo Milénio, surgiu um interesse crescente na iniciativa de metaforização da universidade por parte das pessoas. Com um total de, respetivamente, 31997 e 30125 itens encontrados em termos de pesquisa de palavras-chave e distribuição de bases de dados, os dois quadros informam-nos e convencem-nos de que as metáforas para a universidade estão abundantemente disponíveis na literatura de investigação sobre o ensino superior.

O papel da biblioteca e das cópias em papel na investigação atual

Além disso, os Quadros 1 e 2 mostram claramente que as metáforas para a universidade, ou para qualquer outra coisa, são tendencialmente pouco numerosas nos acervos das bibliotecas no sentido tradicional e, o que é bastante interessante, em comparação com as bibliotecas tradicionais, a Worldcat, uma biblioteca virtual, alberga muito mais acervos sobre os títulos relevantes.

Entretanto, a Tabela 2 também mostra que a maioria das metáforas emerge de autores de revistas electrónicas e de jornais, uma vez que estas duas fontes representam, respetivamente, 88,80 e 1,66% das fontes de metáforas. Em contraste, a ProQuest, que alberga revistas mais tradicionais ou em papel, no sentido original da palavra, tem relativamente menos metáforas. No entanto, dada a sua pequena taxa de ocorrência, as revistas académicas em papel continuam a ser as fontes seguras ou abundantes a que se pode recorrer, pois a sua taxa de recuperação é impressionantemente elevada. Por isso, torna-se necessário e útil recorrer a novas fontes, como as revistas electrónicas e os jornais, para a investigação em geral e para metáforas mais inspiradas em particular.

A base de dados mais poderosa: Project Muse e Worldcat

Para além disso, os Quadros 1 e 2 comprovam ainda mais que o MultiSearch tem sido uma ferramenta de pesquisa poderosa. Só ela ajudou a obter 31997 resultados relevantes nas 14 pesquisas por palavras-chave. Estes resultados provam fortemente que tem havido um entusiasmo e uma tendência crescentes para inventar metáforas para a universidade, embora o total de resultados possa não ser exato nem exaustivo, no sentido em que pode, como acontece frequentemente na nossa experiência de pesquisa na Internet, incluir apenas outros itens relevantes ou repetitivos.

Ambas as tabelas também ajudam a mostrar que, embora as metáforas para a universidade estejam presentes na maioria das bases de dados, o Project Muse e o Worldcat são duas casas poderosas onde residem mais metáforas para a universidade.

De facto, um olhar mais atento aos resultados da pesquisa, como se pode ver na Tabela 3 abaixo, mostra que a maioria das metáforas se concentra nas bases de dados do Project Muse e do Worldcat, que constituem, respetivamente, 81,28% e 18,36% do total de 6101 resultados da pesquisa por palavra-chave "metáforas universitárias". No entanto, os itens que eram recuperáveis no momento da pesquisa são limitados, com apenas 161 ou 2,64%.

Quadro 3: Resultados da pesquisa "Metáforas universitárias

Nome	Explorações	
América: História e Vida	9 (0.15)	9 (5.59)
EBSCO (geral)	0	0
Resumos históricos (não americanos de 1450 até à atualidade)	8 (0.13)	8 (4.97)
InfoTrac OneFile (geral)	0	6 (3.73)
JSTOR (revistas electrónicas selecionadas)	404 /procurar resultados	0
LexisNexis (geral)	0	0
Project Muse (revistas electrónicas selecionadas)	4959 (81.28)	50 (31.06)
ProQuest (geral)	0	19 (11.80)
PsycINFO (psicologia)	0	0
PubMed (Medline)	0	14 (8.70)
Catálogo da Biblioteca da UNCG	5 (=0.08)	5 (31.11)
Worldcat (catálogos de bibliotecas de todo o mundo)	1120 (18.36)	50 (31.06)
Total de fontes: 12	6101	161 (2.64)

A sintaxe de pesquisa mais exacta: Metáforas para a universidade vs. metáforas universitárias

A fim de refletir a magnitude dos esforços metafóricos na prática e identificar as metáforas amplamente utilizadas pelas pessoas na universidade, recorremos a uma forma múltipla de pesquisa, desde uma abordagem sintáctica mais ampla a uma gramática mais restrita nas palavras-chave utilizadas, tal como se pode ver no Quadro 1 acima.

As nossas pesquisas experimentais de palavras-chave também ajudaram a revelar que, entre os resultados da pesquisa de 14 palavras-chave, existem discrepâncias entre elas: enquanto as pesquisas de palavras-chave "metáforas universitárias", "metáforas para a universidade" e "linguagem institucional" resultaram em mais de 6000 resultados, "metáforas institucionais" apenas apresentou mais de 100 resultados. As pesquisas também verificaram que não há muita diferença entre a gramática de "metáforas universitárias" e "metáforas para a universidade", pelo que as duas palavras-chave podem ser utilizadas indistintamente, e foram efetivamente utilizadas indistintamente neste estudo.

Baixo rácio de recuperação

Os Quadros 1 e 2 ajudam a ilustrar que, embora as bases de dados incorporem metáforas ricas para a universidade, o rácio de recuperação é, de longe, muito baixo.

Por exemplo, o Quadro 2 mostra que, em geral, o rácio de recuperabilidade dos resultados encontrados não era, na sua maioria, imediatamente acessível no momento da pesquisa, uma vez que apenas 3277, ou seja, 10,89% do total de 30125 resultados, eram facilmente recuperáveis. Este facto, tal como foi analisado acima, não é uma boa notícia para os investigadores. No entanto, a boa notícia do Quadro 2 parece ser que, entre as 12 bases de dados, o Project Muse, o ProQuest e o Worldcat são as três fontes mais seguras e importantes de metáforas para a universidade. Assim, em geral, os resultados da distribuição das bases de dados ecoam os resultados da pesquisa anterior, implicando que, apesar de as bases de dados existentes serem fontes rápidas para a literatura relevante sobre metáforas universitárias, nem sempre é seguro obter a literatura relevante diretamente através das bases de dados; em vez disso, é necessário recorrer a outras fontes, como o JournalFinder ou as cópias originais em papel dos jornais. Além disso, é vital perceber que as revistas electrónicas são as principais fontes de metáforas. Devem ser capazes de nos informar sobre a rápida utilização de metáforas e inspirar tanto os investigadores como os inventores.

Implicações para a pesquisa bibliográfica

Assim, as caraterísticas acima referidas podem ter as seguintes implicações para a investigação. Por um lado, dado o grande número de itens reportados na pesquisa da base de dados, seria difícil aceder a todos esses itens, mesmo que isso seja por vezes desejável. [st]Outra implicação seria que, uma vez que a pesquisa geral não especificou o período de tempo e, naturalmente, resultou em volumes de ligações, o total inclui certamente todos os itens metafóricos relevantes, entre os quais "metáforas para a universidade do século XXI", o foco da nossa preocupação, são apenas uma parte. No entanto, não há forma de saber com certeza o número exato neste momento ou nunca. Mas seria sempre sensato restringir ou definir a palavra-chave para obter resultados mais desejáveis. O paradoxo aqui parece surgir da pesquisa de palavras-chave mais exactas, como "metáforas para a universidade", ou "metáforas recentes para a universidade", que ainda resultou em números bastante díspares. Mas isto é confuso. Neste sentido, esta pesquisa experimental pode servir como uma dica para os investigadores, que devem aprender a aperfeiçoar o seu foco de pesquisa, considerando a sintaxe das palavras-chave, de modo a esperar resultados mais relevantes e eficazes. A nossa pesquisa com palavras-chave mais precisas, tais como "metáforas para a universidade no novo milénio", apresentou apenas 336 resultados. Isto proporcionou uma amostra mais direcionada e suficientemente pequena para começar a análise. Por isso, é sempre aconselhável ser mais direcionado no decurso da pesquisa. Isto conduzirá a uma maior eficiência e a resultados mais interligados. Uma terceira implicação deriva do baixo rácio de recuperação dos itens encontrados. No nosso caso, o baixo rácio de recuperabilidade dos itens encontrados totalizou apenas 3557 de 31997 itens, ou seja, 11,12% do total de itens encontrados, que eram facilmente recuperáveis no momento da pesquisa. Isto significa que, embora as bases de dados sejam formas cómodas e rápidas de abordar a literatura relacionada existente no mundo cibernético, nunca são completas no sentido em que nem todos os itens que residem nas bases de dados estão acessíveis e que são necessários outros canais suplementares, como o JournalFinder ou, o mais seguro de todos, os periódicos originais, para uma literatura mais exaustiva. Tudo isto parece sugerir que as bases de dados estão aqui para enriquecer e melhorar, em vez de substituir os meios anteriores de pesquisa bibliográfica.

4. Metáforas dominantes

Kerr: A universidade como cidade do intelecto e charneira da história

Um dos maiores pensadores da história do ensino superior americano (Lovett, 2004), Clark Kerr era um mestre reivindicado de metáforas para a universidade. "Ao acrescentar uma única frase", disse Draper (1965) sobre Kerr, "o livro de Kerr tornar-se-ia a obra de um ideólogo proto-fascista" (p.212). Comentando o livro de Kerr, *The Gold and the blue*, publicado pela Universidade da Califórnia em 2001, Orlans (2002) afirmou que "quem quer que tenha ouvido Clark Kerr falar, mesmo no meio do tumulto e da raiva, ouviu uma voz calma e informada da razão" (p.8).

Falando da universidade de investigação americana, Kerr (1963) afirmou que se trata de uma "cidade do intelecto", ou seja, "um lugar muito ocupado com uma multiplicidade de actividades, muitas delas não relacionadas entre si" (Kerr, 2001, p. 198). Olhando para os colégios e universidades vagamente agrupados, Kerr afirmou que "as universidades na América estão numa dobradiça da história: embora ligadas ao seu passado, estão a oscilar noutra direção" (p. xi). Mais adiante (2001), reiterou que "agora que entrámos no século XXI, vejo mais uma vez as universidades na América numa articulação da história. Desta vez, porém, vejo a dobradiça a balançar ao sabor dos ventos que sopram de muitas direcções - sem zéfiros, infelizmente" (p.vii), mas esses ventos são como "alguns dos desafios que temos pela frente, que superam, na sua complexidade, tudo o que enfrentámos em 1963" (p.x).

Se a universidade é a "cidade do intelecto", o seu colégio de artes liberais, composto por amigos e colegas, é a "aldeia", e as escolas de agricultura, direito e medicina são a "cidade", uma vez que "se mantêm sozinhas ou em conjunto no politécnico, com uma devoção única a uma profissão ou indústria" (p. 198).

Thelin:Universidade como cidade

Thelin (2004) referiu-se à universidade pós-moderna como uma cidade. Como historiador do ensino superior americano, conhece certamente bem as metáforas de Kerr. Muito inspirado pela metáfora da cidade de Kerr (2001, p.200) e pela analogia do "megacampo" da universidade, Thelin (2004) expôs o campus em expansão dizendo

"O protótipo do campus americano do século XXI, quer se trate de um colégio ou de uma universidade, era uma organização formidável na sua comunidade local e estatal. Muitas vezes, uma faculdade era o maior empregador numa "cidade universitária". Esta presença estendia-se mesmo às grandes cidades: Johns Hopkins em Baltimore, Brown University em Providence, Harvard em Cambridge-Boston, a Universidade de Kentucky em Lexington, a Universidade de Indiana em Bloomington, a Universidade Northwestern em Evanston, etc." (p.358).

Coincidentemente, Frost e Chopp (2004) inspiraram-se muito no esforço de internacionalização em curso nos campus americanos e desenvolveram outra metáfora, nomeadamente "a universidade como cidade global". E Hoon (2003) viu as questões relacionadas, como as bibliotecas e os direitos de autor, que estão a varrer os megacampi na era digital, como "gigantes adormecidos".

Sullivan: A universidade como igreja / família / empresa / comunidade política / academia

Em *Catholic Schools in Contention: Competing Metaphors and Leadership Implications*, um livro que trata de metáforas para a universidade, John Sullivan (2000) fabricou meticulosamente 5 metáforas que expõem as imagens carregadas de valores das instituições de ensino superior pós-modernas, nomeadamente a universidade como igreja, família, empresa, comunidade política, academia, e justificou essas metáforas de forma vívida nos capítulos 2, 3, 4, 5 e 6 do seu livro.

Na iniciativa, Sullivan esforçou-se por ajudar os líderes com funções de liderança "a compreender as exigências contraditórias que lhes são impostas e a oferecer um recurso que os ajude na tarefa de agir com sabedoria" (p.xiii).

Elogiando vivamente os esforços de Sullivan, Smith (2002) afirmou no seu artigo de revisão que as metáforas criadas no livro de Sullivan estavam inteligentemente enraizadas nos valores globais, em vez de no currículo, na pedagogia ou na ideologia, e que o enfoque era colocado em ajudar os professores com funções de liderança a ver, com exemplos concretos do campus, esses valores que estavam "a moldar a escola e a necessidade de navegar em valores concorrentes no contexto contemporâneo" (p. 80).

Para além disso, gostaria também de acrescentar que as metáforas de Sullivan sobre a universidade como igreja também encontraram eco em Hendrix (2004), que desenvolveu as relações universidade-igreja no seu livro intitulado *Nothing Never Happens: A aprendizagem experimental e a Igreja.*

Useem, Useem e Asel: University leadership as upward bound

No seu livro co-editado conjuntamente com o título *Upward Bound*, Useem, Useem e Asel (2003) incluíram 9 metáforas originais na sua tentativa de ajudar a compreender o papel da liderança em vários contextos universitários: a universidade como rochas duras (Robbins, 2003), a sala de aula como escalada (Collins, 2003), a procura de uma excelência equilibrada como uma caminhada no cume (Asel, 2003), a liderança e o trabalho de equipa como escalada (Bernbaum, 2003), a liderança chave como o desempenho nos picos mais altos (Jordan, 2003), para citar apenas algumas.

Enerson: Universidade como tutoria

Enerson (2001) relacionou a palavra mentor, amplamente utilizada, com a sua etimologia, aludindo-a ao nome de um amigo de Odisseu. Mentor era conhecido em todo o lado como uma pessoa espirituosa e cheia de recursos, a quem Odisseu confiou o seu filho Telémaco, na esperança de que Mentor aconselhasse e orientasse o seu filho sobre a forma de se tornar um homem bem sucedido e útil na sociedade. Em grande medida semelhante, no ponto de vista de Enerson, o papel da universidade atual é cumprir a mesma função, ou seja, ajudar a promover o crescimento das mentes jovens.

Para Enerson, foi exatamente devido a esta expetativa social que surgiu um interesse crescente pela tutoria ao longo das décadas, tal como foi documentado em publicações recentes, como a *Higher Education Abstracts* e dois volumes da série *New Diretions in Teaching and Learning*. Além disso, para refletir a amplitude e a profundidade das actividades de tutoria, a palavra mentor foi associada a uma nova classe gramatical, ou seja, é atualmente utilizada tanto como substantivo como verbo (p.7).

Newton: A liderança universitária como improvisação de jazz

Newton (2004) observou pela primeira vez uma descrição vívida da improvisação de jazz em Terrill (2000), que afirmou:

"A ideia por detrás do jazz é fechar os olhos e tocar o que nos vier à cabeça. Para que qualquer coisa que valha a pena venha à mente, temos de ouvir e ouvir e ouvir, e para sermos capazes de tocar pelo menos parte do que nos vem à mente, temos de praticar padrões e riffs e licks sobre estas mudanças de cor" (p.117).

Nesta base, Newton acrescentou: "A capacidade de improvisar tem sido frequentemente vista como um conjunto de competências semi-intuitivas, que resultam de um dom ou talento inato que permite tanto aos improvisadores como aos aficionados do jazz" (p. 83).

Posteriormente, concluiu que a liderança universitária tem uma grande semelhança com a improvisação de jazz e, como tal, o modelo de improvisação de jazz pode ser utilizado para o desenvolvimento da liderança, que incorpora conceitos como padrões de liderança, teoria, liderança de ouvido e assunção de riscos.

Baptiste: a universidade como educadora de lobos solitários

Num artigo intitulado "Educar os lobos solitários: Implicações pedagógicas da teoria do capital humano", Baptiste (2001) demonstrou a importância de uma interpretação correta e da utilização contextual de uma teoria.

Começou por resumir a Teoria do Capital Humano, depois citou algumas das suas amplas utilizações em economia e, por fim, forneceu uma utilização interpretativa (ou, caso contrário, resultaria numa utilização incorrecta) no ensino superior.

Ao fazê-lo, Baptiste metaforizou o termo "lobo solitário" para se dirigir ao estudante e relacionou-o com o seu contexto social, que exige do indivíduo "lobo solitário" contributos relevantes, tanto em termos de conhecimentos como de competências, para o ajudar a integrar-se bem na universidade, ajudando assim a apontar os pontos fracos e as questões a ter em conta na aplicação da Teoria do Capital Humano no ensino superior.

A lista das metáforas mais reveladoras para a universidade pode ainda continuar, mas os exemplos acima são suficientes para ajudar a definir o cenário de novas tentativas de cunhagem de metáforas para a universidade no Novo Milénio.

Agora, com alguma informação adicional sobre as novas metáforas para a universidade, podemos retomar a nossa discussão voltando-nos para algumas caraterísticas salientes das novas metáforas inventadas para a universidade. Esta é a tarefa da secção seguinte.

5. Tendências marcantes

Metáforas para praticamente todos os aspectos da universidade

Uma caraterística saliente dos resultados da pesquisa e dos exemplos acima citados foi o facto de as metáforas para a universidade se terem multiplicado para ajudar a denotar praticamente todos os aspectos da universidade: Metáforas para a liderança universitária (Pitt, 2001; Marshak, 2002), metáforas para o ensino (Barnett & Derek, 2001; Harrison & Jong, 2005; Mulholland & Wallace, 2005; Thomas & McRobbie, 2001; van Zee et al, 2001; Yerrick & Hoving, 2003; Zembylas, 2004), e metáforas para professores e estudantes (Casnig, 2004).

Metáforas de quase todos os domínios da universidade

Outra caraterística marcante das metáforas universitárias foi a sua associação a um repertório de domínios ou disciplinas: Metáforas da improvisação teatral (Cornelissen, 2004; Vera & Crossan, 2004), de objectos naturais (Lamber & Parvinen, 2003), da teoria organizacional (Cornelissen, 2002a; Marshak, 2003; Oswick, Keenoy, & Grant, 2003), metáforas da teoria crítica evolutiva (Abel & Sementelli, 2005), gestão empresarial (Cardon et al, 2005; Cornelissen, 2002b), sociologia (Maasen, 2004), e metáfora e cultura (Tuan & Ryan, 2000). As ricas fontes de metáforas permitem-lhes servir as necessidades do campus numa base de comunicação diária.

As metáforas são relevantes para os indivíduos

Uma terceira caraterística, ou talvez uma caraterística mais fundamental, das metáforas tem sido o facto comprovado de que, como dispositivo retórico, são essencialmente conexões verbais. Tal como Lakoff e Johnson (1980) afirmam, as metáforas são dispositivos retóricos que ajudam a estabelecer a correspondência entre dois domínios diferentes através de uma ligação subtil percebida entre os dois domínios. Tal ligação, ao que parece, torna-se proeminente ou relevante apenas para certos indivíduos. Por outras palavras, existe uma discrepância entre a perceção individual de tais ligações metafóricas entre objectos ou entidades de domínios diferentes.

Um forte exemplo da afirmação de que as metáforas são relevantes para os indivíduos é a análise de Ritchie (2002) de duas metáforas opostas do ensino superior, nomeadamente a universidade como mosteiro e a universidade como empresa. O seu estudo demonstrou que a segunda metáfora é evidente mesmo nos tempos medievais, quando a universidade apelava aos académicos de mentalidade tradicional, especialmente nas áreas das humanidades e das ciências sociais, enquanto a primeira metáfora é apelativa para os líderes empresariais, os políticos e os estudantes com espírito de carreira. Em conclusão, o autor defende que cada metáfora ilumina aspectos únicos do conceito-alvo: o ensino superior.

Outro exemplo sobre a relevância individual das metáforas é o de Boers e Littlemore (2000), que examinaram os estilos cognitivos de 71 estudantes universitários individuais, pedindo-lhes que explicassem 3 metáforas conceptuais. Utilizando o teste de estilos cognitivos assistido por computador de Riding (1991), que consiste em dois tipos grosseiros: analítico ou holístico, e imagético ou verbalizador, verificaram que os indivíduos holísticos, em vez de analíticos, tendiam a misturar a sua conceção do domínio-alvo com o domínio-fonte, e que os imagéticos tinham mais probabilidades do que os verbalizadores de utilizar imagens estereotipadas na explicação das metáforas.

É precisamente esta caraterística cognitiva que atrai os linguistas, os cientistas da cognição e os filósofos, para mencionar os principais, a colocarem a metáfora no âmbito da exploração das ciências da cognição. E uma vez que a cognição humana está largamente sujeita a limitações epistemológicas, a procura de melhores efeitos cognitivos, incluindo aproximações metafóricas, será retomada. Talvez tenha sido em grande parte devido a este entendimento que a revista *Metaphor and Symbol* se tornou um membro da bem manipulada lista de revistas da Lawrence Erlbaum Associates, Inc.

6. Porquê metáforas?

"... Os colégios e as universidades não são claros e não são claros quanto aos seus objectivos principais. Se a comunidade do ensino superior não consegue compreender-se a si própria e explicar-se a audiências externas, quem o conseguirá?"

(Thelin, 2004:361)

Porque é que as pessoas gostam tanto de metáforas, mesmo de metáforas para a universidade? Nesta parte, gostaríamos de abordar a motivação da criação de metáforas.

Os investigadores parecem ter oferecido conhecimentos suficientes sobre a motivação humana para a utilização de metáforas. Isto inclui o facto de as metáforas poderem revelar a identidade organizacional e a prática profissional (Bemski, 2002; Hessler, 2001), refletir o caminho da investigação académica (March, 2003; Wallace, 2003), ajudar a perceber a incerteza educativa, a conversa interpretativa e a comunidade virtuosa (Meara & Day, 2003), funcionar como totem (StarGlass, 2002), assemelhar-se à gestão (Houston & Studman, 2001; Richardson & McKenna, 2000), são sugestivos da educação turístico-turística como linha de produção e escola de teatro (Morgan, 2004), servem como mapas na avaliação (Starr-Glass, 2005), e representam uma ferramenta de desenvolvimento de liderança (Kochan, Bredeson, & Richl, 2002; Meyer, 2001), etc. etc.

Alguns vêem o papel da metáfora como retórica política (Chareris-Black, 2005), outros vêem-na como enquadramento concetual orientador das abordagens filosóficas dos professores à pedagogia (Lakoff & Johnson, 1980). Isto, por exemplo, explica as razões que levam os professores a criar metáforas para o ensino e a aprendizagem (Boers & Littlemore, 2000, p.178).

Para nós, há basicamente duas razões que levam as pessoas a forjar metáforas para a universidade. Uma tem a ver com as caraterísticas e funções da linguagem e a outra com a liderança do ensino superior.

Entre as várias caraterísticas de conceção que os linguistas encontraram na linguagem humana estão a sua arbitrariedade e o seu carácter simbólico. A linguagem humana é arbitrária, no sentido em que não existe uma ligação lógica entre o som de uma palavra e o significado que lhe está associado, e a linguagem é simbólica, no sentido em que não existe uma ligação direta entre a palavra ou o símbolo de um objeto e o objeto que ele representa. Estas duas caraterísticas importantes da linguagem permitem aos seres humanos uma grande liberdade e indulgência na conjetura de palavras para coisas e conceitos que vêem existir e que acreditam existir. Por outras palavras, a linguagem serve, em grande medida, como um código que os seres humanos utilizam para codificar o mundo, ou como um contentor que regista todas as explorações humanas sobre si próprios e sobre o mundo. Da mesma forma, a função central da linguagem, a sua função informativa, permite que os seres humanos utilizem a linguagem como uma ferramenta para explorar tanto o seu mundo interior como o mundo em que residem. Por outro lado, esta função linguística permite-nos percecionar os pensamentos humanos através da linguagem que utilizam. Assim, tanto as caraterísticas de conceção como a função fundamental da linguagem testemunham um impacto proeminente na motivação humana para inventar metáforas para a universidade.

Em segundo lugar, argumentaríamos, fazendo eco de Leonard (2002), que as pessoas tendiam a utilizar tantas metáforas para a universidade, simplesmente porque a metáfora pode ajudar a enquadrar os nossos pensamentos ou servir de moldura de significado, ou, como defendem Millar e Heath (2004), como uma abordagem retórica útil à comunicação de crise. Provavelmente, isto ajuda a explicar melhor a preocupação de Thelin (2004) sobre o dilema dos megacampos. Infelizmente, "o dilema merece pouca simpatia quando as faculdades e universidades não são claras e são inarticuladas quanto aos seus objectivos principais. Se a comunidade do ensino superior não consegue entender-se a si própria e explicar-se a audiências externas, quem o conseguirá?" (p.361). O que é mais lamentável é que "a ambiguidade e a incerteza reveladas nos últimos anos em relação aos papéis sociais indicam uma deriva na missão e no carácter" (p.361).

Curiosamente, no final do seu livro, com o tom e a perspicácia de um historiador, Thelin (2004) orientou a comunidade do ensino superior para o seguinte no Novo Milénio:

O desafio para o ensino superior nos Estados Unidos durante o século XXI é reconhecer a sua sorte histórica e aceitar o seu papel de instituição madura, juntamente com as responsabilidades que acompanham essa maturidade. Esta tarefa não é uma questão de dinheiro, mas sim de redescobrir princípios e valores essenciais que talvez tenham sido obscurecidos pela recente confusão entre actividades educativas e empreendimentos comerciais. Ao regressar às bases destas questões fundamentais de objetivo institucional, os diversos círculos do ensino superior americano podem, uma vez mais, ligar o passado e o presente como prelúdio para criar um futuro adequado (p.362).

Isto garante-nos ainda que, nos próximos tempos, surgirão mais metáforas para descrever a nossa compreensão da cultura universitária única (Alvesson, 2002), a formulação dessa compreensão, metaforicamente, e para ajudar a captar a natureza ou conceitos fundamentais, como a liberdade académica, a autonomia institucional e a responsabilidade, da universidade pós-moderna.

7. Conclusões e temas de investigação futura

st Tal como foi explicado no início deste documento, o nosso objetivo ao realizar esta investigação sobre metáforas para a universidade era ajudar a captar a essência da universidade do século XXI, considerando três questões:

1) Quais são as metáforas que utilizamos para descrever a universidade?

2) O que é que essas metáforas dizem sobre a forma como entendemos a universidade? E

3) Como é que essas metáforas afectam e reflectem a forma como lideramos a universidade e vivemos a vida no campus, especialmente a forma como percepcionamos e relacionamos aqueles que lideram a universidade?

Podemos concluir dizendo que, ao entrar no Novo Milénio, a academia tem vindo a assistir a um interesse crescente no desenvolvimento de novas metáforas para a universidade, que essas metáforas residem em livros, revistas (incluindo revistas electrónicas), jornais e dissertações de todos os tipos, para os quais as bases de dados fornecem ligações poderosas e atalhos rápidos, e que essas metáforas se apresentam em números sem precedentes, com as suas origens profundamente enraizadas no ensino superior per se e noutras disciplinas das actividades humanas. Entre as metáforas abundantes, estas sete são extremamente predominantes:

A universidade como cidade do intelecto e charneira da história Kerr (1963;2001);

A universidade como cidade (Thelin, 2004);

A universidade como igreja / família / empresa / comunidade política / academia (Sullivan, 2000);

A liderança universitária como um vínculo ascendente (Useem, Useem e Asel, 2003);

Universidade como mentor (Enerson, 2001);

A liderança universitária como improvisação de jazz (Newton, 2004);

Universidade como educadora de lobos solitários (Baptiste, 2001).

Podemos também concluir dizendo que, devido a mudanças internas e externas, as universidades que entram no Novo Milénio deparam-se com muito mais desafios sob a forma de exigências mais elevadas, múltiplas e multifacetadas, de lugares atrasados que dificultam respostas atempadas para satisfazer essas exigências e de meios técnicos para abordar questões tão diversas e desconcertantes. A boa notícia é que o meio académico tende a ser sensível ao ambiente em que a universidade funciona. Como argumentou Thelin, "se a comunidade do ensino superior não consegue entender-se a si própria e explicar-se a audiências externas, quem é que consegue?" (Thelin, 2004:361) Consequentemente, as metáforas repletas no discurso académico podem ser melhor entendidas como esforços académicos vigorosos, se não eficazes, para interpretar, liderar e viver os múltiplos papéis da universidade no novo século.

Por fim, podemos concluir dizendo que, como um todo, essas metáforas ajudam a cumprir duas funções básicas: 1) Como quadro de pensamento, as metáforas recém-emergidas ajudam a enquadrar todas as actividades humanas através das quais se torna conveniente percebermos como a universidade tem interagido com o ambiente em rápida evolução, num esforço para negociar significado ou encontrar significado para os acontecimentos institucionais diários. 2) Como ferramenta para orientar pensamentos, regular comportamentos e avaliar a eficácia da liderança, as metáforas servem de atalho para abordar questões com que a universidade se confronta, para acreditar o desenvolvimento institucional em geral e para calcular a sua responsabilidade na era pós-moderna.

O que é que ainda falta na literatura relacionada com os esforços de metaforização para a universidade? No que nos diz respeito, as oito áreas seguintes foram negligenciadas ou requerem uma atenção mais focada, de modo a fazer avançar o nosso estudo de acompanhamento sobre metáforas para a universidade:

1) Avaliação linguístico-retórica das metáforas. Com tantas metáforas a surgirem nos primeiros anos do novo milénio, é necessário que nós, especialmente os linguistas e os especialistas em retórica, lancemos uma análise metalinguística das novas metáforas, de modo a que certas caraterísticas linguísticas, padrões retóricos e estratégias possam ser revelados. Estes esforços são susceptíveis de aumentar o conhecimento da linguística e da retórica, facilitar a aprendizagem e a utilização das novas metáforas e regular a sua produção.

2) Estudo cognitivo das metáforas. Uma metáfora faz sentido? Em caso afirmativo, para

quem, quando, onde e como? A investigação sobre a adequação de uma metáfora existente pode ser outra área de investigação futura. Alexander, Fives, Buehl e Mulhern (2002), por exemplo, propuseram "ensinar como persuasão" como uma metáfora orientadora para a pedagogia da mudança concetual. Mas Dole e Sinatra (1999) e Murphy (2001) suspeitaram das conotações negativas do termo "persuasão" para certos indivíduos. Consequentemente, Sinatra e Kardash (2004) recolheram opiniões de 182 professores em formação e descobriram que os candidatos a professores que acreditavam que o conhecimento evolui, que as crenças podem ser revistas e que a aprendizagem é um processo de construção estavam mais abertos ao ensino persuasivo. Assim, o estudo apoiou o ponto de vista de Murphy (2001) sobre a persuasão e sugeriu que a metáfora do "ensino como persuasão" tende a ser mais bem sucedida em contextos de desenvolvimento de professores. Assim, parece provável que uma análise cognitiva das metáforas existentes venha a complementar substancialmente os esforços linguístico-retóricos.

3) Exame pragmático para verificar a adequação ao falante e ao ouvinte. As metáforas são também objectos de estudo para os pragmáticos que estudam o uso da língua. E o uso da língua, do nosso ponto de vista, deve abranger dois objectivos, o do falante e o do ouvinte. Os falantes não se limitam a articular coisas, como acontece nos eventos de fala, mas fazem-no com determinados objectivos, ou, para usar Austin (1962) e Searle (1969), realizam actos. Se esses actos de fala não forem bem percebidos - queremos dizer, se não forem inferidos pelos ouvintes -, então o esforço de fala pode ter uma relevância muito baixa para eles. O resultado seria uma comunicação deficiente (Sperber-Wilson, 1986; 1995; Liu, 1997; 2000). Assim, uma intervenção pragmática sobre a adequação das novas metáforas universitárias seria outro tema de preocupação.

4) Escrutínio do ensino superior: julgamento baseado no conteúdo das formas metafóricas. As metáforas para a universidade, afinal, estão enraizadas na universidade, são sobre a universidade e servem a universidade. Por conseguinte, devem ser objeto de um exame minucioso no ensino superior. As boas metáforas, neste sentido, não devem apenas soar bem do ponto de vista linguístico, retórico, cognitivo e pragmático, mas também do ponto de vista substancial. Com isto queremos dizer que as metáforas, enquanto léxico ou discurso de liderança (Williams-Boyd, 2002; Oberlechner, 2002), devem fazer verdadeiramente sentido para a universidade. Afinal de contas, as metáforas

reflectem as nossas capacidades de ver e enquadram os nossos efeitos de fazer; trata-se de uma competência pragmática. Daí que surja outra questão pertinente: "Como é que as novas metáforas fazem sentido?" e uma resposta vigorosa parece ser: "Porque não as examinamos, em consonância com o ensino superior, a liderança do nosso campus e as formas de vida no campus?"

5) Consideração pedagógica. Dado o facto de as metáforas serem meios poderosos para uma comunicação e compreensão eficazes, e fazendo eco de Dong (2004), que apelou a que se prestasse atenção para proporcionar aos alunos "oportunidades e recursos para adquirirem este poder de linguagem e de pensamento", consideramos extremamente útil incluir a componente da metáfora nas nossas aulas de línguas ou no discurso do ensino superior. Além disso, é útil explorar formas eficazes de ensinar os estudantes do ensino superior a aprender e a utilizar metáforas na universidade. Daí mais um tópico para investigação futura.

6) O presente estudo adoptou uma abordagem sincrónica e abrangeu apenas as investigações que se situam no período compreendido entre 2000 e 2005. Se, por um lado, esta abordagem ajuda a traçar o panorama atual da investigação sobre metáforas para a universidade, por outro, apresenta dois deméritos: Para começar, não conseguiu esboçar um cenário mais alargado que remonta aos anos 90, para não dizer um contraste entre as situações gerais entre as duas zonas temporais distintas. As razões que levaram Kerr (2001) a acrescentar um artigo ao seu livro *The Uses of the University* foram exemplos para melhor captar as mudanças no ensino superior. Assim, seria ideal utilizar uma abordagem diacrónica para delinear cronologicamente os principais estudos sobre metáforas para a universidade, de modo a que alguns estudos pós-monsonianos sobre metáforas para a universidade aparecessem e a paisagem se tornasse mais completa.

7) À medida que as universidades americanas se globalizam, ficamos cada vez mais impressionados com as práticas das universidades fora dos Estados Unidos. E o mesmo se pode dizer vice-versa. A este respeito, apercebemo-nos gradualmente de que praticamente todas as universidades da aldeia global se confrontam hoje em dia com questões semelhantes no seu desenvolvimento, e os líderes de todo o mundo têm tentado dar sentido às suas situações através de metáforas. Por conseguinte, de acordo com a abordagem

sincrónica-diacrónica, para se obter uma imagem mais completa das metáforas para a universidade, seria importante considerar as metáforas do ensino superior numa perspetiva transcultural e interlinguística.

8) Continuação da investigação baseada em dados. Por último, mas não menos importante, recomenda-se vivamente que retomemos a investigação sobre a metáfora da universidade, utilizando plenamente as bases de dados disponíveis. Tal como foi evidenciado neste estudo, as bases de dados são formas rápidas e convenientes de recolher informação exaustiva e relevante para análise. No entanto, devido a restrições de tempo, este estudo baseou-se principalmente em dados recolhidos através das bases de dados MultiSearch e JournalFinder. Seria desejável lançar estudos de seguimento, recolhendo dados, por exemplo, do Firstsearch (http ://newfirstsearch.oclc.org), outro pesquisador e banco de dados competente sobre dissertações, bem como sobre artigos de revistas e livros.

Referências

Abel, C. F., e Sementelli, A. J. (2005). Evolutionary critical theory, metaphor, and organizational change (Teoria crítica evolutiva, metáfora e mudança organizacional). *The Journal of Management Development, 24* (5/6), 443459.

Alexander, P. A., Fives, H., Buehl, M. M., e Mulhern, J. (2002). Teaching as persuasion. *Teaching and Teacher Education, 18*, 795-813.

Altbach, P. G., Berdahl, R. O., e Gumport, P. J. (Eds.) (2005). *American Higher Education in the Twenty-first Century: Social, Political, and Economic Changes*. Baltimore: The Johns Hopkins University Press.

Altbach, P. G., Lomotey, K., e Kyle, S. R. (2005). Race in higher education: The continuing crisis. Em Philips G. Altbach, Robert O. Berdahl, e Patricia J. Gumport (Eds.), *American Higher Education in the Twenty-first Century: Social, Political, and Economic Changes* (pp.448-466). Baltimore: The Johns Hopkins University Press.

Altbach, P. G. (2003). O ensino superior em contexto. Em James W. Gutherie (Ed.), *Encyclopedia of Education* (2nd ed) (Volume 3) (pp.1023-1027). Nova Iorque: Macmillan Reference.

Altman, H. B. (2004). A baker's dozen. *Change, 36* (4), 50-53.

Alvesson, M. (2002). *Understanding organizational culture*. Londres; Thousand Oaks, CA: Sage.

Austin, J. L. (1962). *How to Do Things with Words*. Oxford: Oxford University Press.

Baptiste, I. (2001). Educar os lobos solitários: Implicações pedagógicas da educação teoria do capital. *Adult Education Quarterly, 51*, 184-201.

Barnett, J., e Derek, H. (2001). Pedagogical context knowledge: Toward a fuller understanding of what good science teachers know. *Science Education*, *85* (4), 426-453.

Bemski, P. C. (2002). *A identidade organizacional numa instituição de ensino superior examinada através de metáforas*. Dissertação de doutoramento não publicada, Universidade do Colorado em Denver.

Berdahl, R. O., Altbach, P. G., e Gumport, P. J. (2005) The contexts of American higher education. Em Philips G. Altbach, Robert O. Berdahl, e Patricia J. Gumport (Eds.), *American Higher Education in the Twenty-first Century: Social, Political, and Economic Changes* (pp.1-15). Baltimore: The Johns Hopkins University Press.

Berger, J. B., e Calkins, M. V. (2003). System. Em James W. Gutherie (Ed.), *Encyclopedia of Education* (2nd ed) (Volume 3) (pp.1041-1045). New York: Macmillan Reference.

Bergquist, W. (1998). O desafio pós-moderno: Changing our community colleges. *New Diretions for Community Colleges, 102*, 87-97.

Boggs, G. R. (2004). Community colleges in a perfect storm (Colégios comunitários numa tempestade perfeita). Change, 36 (6), 6-11.

Bok, D. (2003). *Universities in the marketplace (As universidades no mercado)*. Princeton: Princeton University Press. Boswell, K. (2004). Bridges or barriers? *Change, 36* (6), 8-29.

Cardon, M. S., Zietsma, C., Saparito, P., Matherne, B. P., e Davis, C. (2005). A tale of passion: New insights into entrepreneurship from a parenthood metaphor. *Journal of Business Venturing, 20* (1), 23-37.

Casnig, J. D. (2004). Metáfora. Consultado em 10 de novembro de 2005 em (http : //knowgrammin g. com/metaphors).

Charteris-Black, J. (2005). *Os políticos e a retórica: O poder persuasivo da metáfora*.

Houndmills, Basingstoke, Hampshire; Nova Iorque: Palgrave Macmillan.

Cornelissen, J. P. (2002a). A merit and mismerit of metaphor: Uma resposta a Gioia, Schultz e Corley. *British Journal of Management, 13* (3), 277-291.

Cornelissen, J. P. (2002b). On the "organizational identity" metaphor (Sobre a metáfora da "identidade organizacional"). *British Journal of Management, 13* (3), 259-266.

Cornelissen, J. P. (2004). Para que é que estamos a jogar? Theatre, organization, and the use of metaphor. *Organization Studies, 25* (5), 705-727.

Dole, J. A., e Sinatra, G. M. (1999). *Persuasão, aprendizagem e mudança concetual*.

Trabalho apresentado na reunião anual da Associação Americana de Investigação Educacional, Montreal.

Dong, Y. (2004). Não os deixes às escuras! Ensinar metáforas a alunos de inglês. *English Journal, 93* (4), 29-36.

Draper, H. (1965). A mente de Clark Kerr. Em Draper, *Berkeley: The New Student Revolta* (p.212). Nova Iorque: Grove Press.

Enerson, D. M. (2001). A tutoria como metáfora: Uma oportunidade de inovação e renovação. *New Diretions for Teaching and Learning,85*(primavera), 7-15.

Campos, C. (2002). O verdadeiro Novo Milénio. *Change, 34* (1), 4.

Fields, C. (2004). Troubling times for community colleges. *Change, 36* (6), 4-5.

Frost, S., e Chopp, R. (2004). A universidade como uma cidade global. *Change, 36* (2), 44-51.

Gannon, M. J. (2001). *Metáforas culturais: Readings, research translations, and comentário*. Thousand Oaks, CA: Sage Publications.

Goodchild, L. F. (2002). History of higher education in the United States (História do ensino superior nos Estados Unidos). Em James J.

F. Forest e Kevin Kinser (Eds.), *Higher Education in the United States: An Encyclopedia (Volume Um A-L)* (pp.319-333). Santa Barbara, CA: ABC-CLIO.

Gumport, P. J., e Chun, M. (2005). Tecnologia e ensino superior: Opportunities and challenges for the new era. Em Philips G. Altbach, Robert O. Berdahl, e Patricia J. Gumport (Eds.), *American Higher Education in the Twenty-first Century: Social, Political, and Economic Changes* (pp.370-395). Baltimore: The Johns Hopkins University Press.

Gumport, P. J. (2005) Ensino superior e investigação: Independência e tensão. Em Phillips G. Altbach, Robert O. Berdahl, e Patricia J. Gumport (Eds.), *American Higher Education in the Twenty-first Century: Social, Political, and Economic Changes* (pp.396-426). Baltimore: The Johns Hopkins University Press.

Harrison, A. G., e Jong, O. D. (2005). Explorando o uso de múltiplos modelos analógicos no ensino e aprendizagem do equilíbrio químico. *Journal of Research in Science Teaching* (fevereiro).

Hendrix, J. (2004). *Nothing Never Happens: Experiential Learning and the Church [Aprendizagem Experiencial e a Igreja*]. Macon, GA: Smyth & Helwys.

Heracleous, L. (2002). A contribuição de uma visão discursiva para a compreensão e gestão da mudança organizacional. *Strategic Change, 11* (5), 253-261.

Hessler, H. B. (2001). *Produto versus processo: A retórica ocupacional do trabalho académico*. Dissertação de doutoramento não publicada, Texas Christian University.

Hoon, P. E. (2003). Quem acordou o gigante adormecido? Bibliotecas, direitos de autor e o

digital. *Change, 35* (6), 28-33.

Houston, D. e Studman, C. J. (2001). A gestão da qualidade e a universidade: A deafening clash of metaphors. *Assessment and Evaluation in Higher Education, 26* (5), 475-494.

Johnstone, B. D. (2005). Financiamento do ensino superior: Quem pagará? Em Philips G. Altbach, Robert O. Berdahl, e Patricia J. Gumport (Eds.), *American Higher Education in the Twenty-first Century: Social, Political, and Economic Changes* (pp.347-369). Baltimore: The Johns Hopkins University Press.

Kerr, C. (2001). *The Uses of the University* (5th edition). Cambridge, MA e Londres, Inglaterra: Harvard University Press.

Kochan, F. K., Bredeson, P. e Richl, C. (2002). Repensando o desenvolvimento profissional dos líderes escolares. Em J.Murphy (Ed.), The Educational Leadership Challenge: Redefining leadership for the 21st century, Part I (pp.261-288). Chicago: The University of Chicago Press.

Lakoff, G. e Johnson, M. (1980). *Metaphors we live by*. Chicago: University of Chicago Press.

Lamberg, J. e Parvinen, P. (2003). A metáfora do rio para a gestão estratégica. *European Management Journal, 21* (5), 549-562.

Leonard, P. (2002). Organizar o género? Looking at metaphors as frames of meaning in gender / organizational texts. *Género, Trabalho e Organização, 9* (1), 74-97.

Lillrank, P. (2002). A vassoura e os processos não rotineiros: Uma metáfora para compreender a variabilidade na organização. *Knowledge and Process Management, 9* (3), 143-168.

Liu, S. (1997). Guan lian li lun de jiao ji guan (A Abordagem RT à Comunicação). *Língua Estrangeira Moderna*, (2):19-25.

Liu, S. (2000). Pragmática. Em Michael Byram (Ed.), *Encyclopedia for Language Teaching* (Pp.481-484). London: Routledge.

Liu, S. (2007). Metaphorzing the 21st Century university: A database-oriented literature review. *Journal of Guangxi Normal Unviersity, 37* (1):1-17.

Lovett, C. (2002). Cracks in the bedrock. *Change, 34* (2), 10-15.

Lovett, C. (2004). Honrando Clark Kerr. *Change, 36* (3), 4.

Maasen, S. M. (2004). A sociedade e as suas metáforas: Language, social theory and social structure. *The American Journal of Sociology, 110* (1), 263-266.

March, J. M.. A busca de um académico. *Journal of Management Inquiry, 12* (3), 205-227.

Marshak, R. J. (2003). Metáfora e raciocínio analógico na teoria das organizações: Further extensions. *The Academy of Management Review, 28* (1), 9-20.

Marshak, R. J. (2002). Changing the language of change: Como os novos contextos e conceitos estão a desafiar a forma como pensamos e falamos sobre a mudança organizacional. *Strategic Change, 11* (5), 279-286.

Meara, N. M. e Day, J. D. (2003). Possibilidades e desafios para a psicologia académica: Uncertainty, interpretive conversation, and virtuous community. *The American Behavioral Scientist, 47* (4), 459-470.

Meyer, M. J. (2001) Reflective leadership training in practice using theatre as representation. *Revista Internacional de Liderança na Educação, 4* (2), 149-169.

Millar, D. P. e Heath, R. L. (2004). *Responding to crisis: A rhetorical approach to crisis communication*. Mahwah, N.J.: Lawrence Erlbaum.

Monson, C. H. (1967). Metaphors for the university (Metáforas para a universidade). *Educational Record, Winter*, 22-

29.

Morphew, C. C., & Hartley, M. (2006). Declarações de missão: A thematic analysis of rhetoric across institutional type. *Journal of Higher Education*, *77*, 456-471.

Morgan, M. (2004). Da linha de produção à escola de teatro: o ensino superior para o futuro do turismo. *International Journal of Contemporary Hospitality Management, 16* (2), 91-104.

Mulholland, J. e Wallace, J. (2005). Growing the tree of teacher knowledge: Dez anos de aprendizagem para ensinar ciências elementares. *Journal of Research in Science Teaching, 42* (7), 767-790.

Murphy, P. K. (2001). O ensino como persuasão: Uma metáfora para uma nova década. *Theory into Practice, 40* (4), 224-227.

Oberlechner, T. e Mayer-Schoenberger, V. (2002). *Through their own words: Towards a new understanding of leadership through metaphors (Para uma nova compreensão da liderança através de metáforas*). Cambridge, Massachusetts: Escola de Governo John F. Kennedy, Universidade de Harvard.

Orlans, H. (2002). O ouro e o azul. *Change, 34* (3), 8.

Orlans, H. (2004). Universities in the market place. *Change, 36* (3), 6-8.

Oswick, C., Keenoy, T., e Grant, D. (2003). Mais sobre metáfora: Revisitando o raciocínio analógico na teoria organizacional. *The Academy of Management Review, 28* (2), 10-24.

Pitt, M. (2001). In pursuit of change: Managerial construction of strategic intent. *Strategic change, 10* (1), 5-21.

Richardson, J. e McKenna, S. (2000). Metaphorical "types" and human resource management: Self-selecting expatriates. *Formação Industrial e Comercial, 32*

(6), 209-221.

Ritchie, D. (2002). Mosteiro ou empresa económica: Metáforas opostas ou complementares do ensino superior? *Metaphor and Symbol*, 17(1), 45-55.

Searle, J. R. (1969). *Speech Acts: An Essay in the Philosophy of Language*. Cambridge: Cambridge University Press.

Sinatra, G. M., Kardash, C., e Anne M. (2004). Crenças epistemológicas, disposições e pontos de vista dos candidatos a professores sobre o ensino como persuasão. *Contemporary Educational Psychology, 29*, 483-498.

Smith, D. (2002). *Catholic schools in contention: Competing metaphors and leadership implications* (A review). *Journal of Education and Christian Belief 6* (1): 80-81.

Sperber, D. e Wilson, D. (1986). *Relevance: Cognition and Communication*. Oxford: Blackwell.

Sperber, D. e Wilson, D. (1995). *Relevance: Cognition and Communication* (2nd edition). Oxford: Blackwell.

Starr-Glass, D. (2004). Metáforas e mapas na avaliação. *Assessment and Evaluation in Higher Education, 30* (2), 195-225.

Starr-Glass, D. (2002). Metáforas e totem: Explorar e avaliar a aprendizagem experimental prévia. *Assessment and Evaluation in Higher Education, 27* (3), 221-247.

Stimpert, J. L. (2004). Turbulent times. *Change, 36* (4), 42-49.

Sullivan, J. (2000). *Escolas católicas em disputa: Competing metaphors and leadership implications*. Dublin: Lindisfarne.

Terrill, R. (2000). *Fakebook: Improvisações numa viagem de regresso ao jazz*. Nova Iorque: Proscenium.

Thelin, J. R. (2004). *A history of American higher education [Uma história do ensino superior americano]*. Balitmore: John Hopkins University Press.

Thelin, J. R., Edwards, J. R., e Moyen, E. (2003). Higher education in the United States (Ensino superior nos Estados Unidos). Em James W. Gutherie (Ed.), *Encyclopedia of Education* (2nd ed) (*Volume 3*) (pp.1034-1041). Nova Iorque: Macmillan Reference.

Thomas, G. P. e McRobbie, C. J. (2001). Usando uma metáfora para a aprendizagem para melhorar a metacognição dos alunos na sala de aula de química. *Journal of Research in Science Teaching, 38* (2), 222-259.

Tierney, W. G. (2004). Uma tempestade perfeita: Turbulência no ensino superior. Em William G. Tierney (Ed.), *Competing conceptions of academic governance: Negotiating the perfect storm* (pp.xv-xxxi). Baltimore e Londres: The Johns Hopkins University Press.

Tuan, N. e Ryan, T. (2000). Rumo a uma organização sistémica humanizada: A Confucian perspective. *Systems Research and Behavioral Science, 17* (4), 341-366.

Useem, M., Useem, J., e Asel, P. (2003). *Upward bound: Nine original accounts of how business leaders reached their summits*. New York: Crown Business.

van Zee, E. H., Iwasyk, M., Kurose, A., Simpson, D., e Wild, J. (2001).Student and teacher questioning during conversations about science. *Journal of Research in Science Teaching, 38* (2), 159-190.

Vera, D. e Crossan, M. (2004). Improvisação teatral: Lições para as organizações. *Estudos Organizacionais, 25* (5), 727-739.

Wallace, S. (2003). Figuratively speaking: Six accounts of the PhD viva. *Quality Assurance in Education, 11* (2), 100-109.

Williams-Boyd, P. (2002). *Educational leadership: A reference handbook.* SantaBarbara, CA: ABC-CLIO.

Wilson, J. K. (2005). O cânone e o currículo: Revolução multicultural e revolta tradicional. Em Philips G. Altbach, Robert O. Berdahl, e Patricia J. Gumport (Eds.), *American Higher Education in the Twenty-first Century: Social, Political, and Economic Changes* (pp.427-447). Baltimore: The Johns Hopkins University Press.

Yerrick, R. K. e Hoving, T. J. (2003). Um pé na doca e um pé no barco: Diferenças entre as interpretações dos professores de ciências em início de carreira sobre métodos científicos baseados no terreno em contextos culturalmente diversos. *Science Education, 87* (3), 390418.

Zembylas, M. (2004). Metáforas da emoção e trabalho emocional no ensino das ciências. *Educação Científica, 88* (3), 301-324.

Zusman, A. (2005). Questões que o ensino superior americano enfrenta no século XXI. Em Philips G. Altbach, Robert O. Berdahl, e Patricia J. Gumport (Eds.), *American Higher Education in the Twenty-first Century: Social, Political, and Economic Changes* (pp.109-141). Baltimore: The Johns Hopkins University Press.

Anexo 1: Metáforas para a universidade: Algumas ligações Internet anotadas

As metáforas são importantes no ensino superior?

http://www.tandfonline.com/doi/pdf/10.2202/1940-1639.1166

Este artigo explora os pressupostos fundamentais subjacentes a quatro metáforas do ensino a nível universitário: professor como artista, professor como treinador, professor como guia turístico e professor como jardineiro. Também discute a compatibilidade de cada metáfora com uma compreensão moralmente baseada do ensino e da aprendizagem.

Metáforas emergentes para o ensino superior global

https: //globalhi ghered.wordpress. com/2008/04/16/metaphors/

Um blogue baseado na UW-Madison, que contém metáforas ricas para a educação, o conhecimento e as escolas.

Haverá uma melhor gama de metáforas para a educação do que as metáforas tecnológicas, de engenharia e de fabrico que parecem atualmente dominar?

https://www.researchgate.net/post/Is existe uma melhor gama de metáforas para a educação do que as metáforas tecnológicas, de engenharia e de fabrico que parecem atualmente dominar

Um sítio agradável ou um blogue de reflexões sobre metáforas para a educação.

Mapear a metáfora com o Thesaurus Histórico e a Metáfora no currículo

http://www.gla.ac.uk/schools/critical/research/fundedresearchprojects/metaphor/

Duas equipas da Universidade de Glasgow partilham as suas descobertas sobre a investigação da metáfora, a primeira sobre o pensamento e a expressão metafórica em inglês ao longo do tempo e a segunda especificamente sobre metáforas no currículo.

Metáfora: Uma visão geral

https://en.wikipedia.org/wiki/Metaphor

Uma introdução geral à metáfora na enciclopédia online wiki.

Metáforas para a universidade: Um inquérito

http://etcjournal.com/2010/09/29/metaphors para inquérito universitário/

Um estudante de doutoramento turco da Universidade de Anadolu recolhe metáforas para a universidade, com o objetivo de encontrar os papéis das universidades na educação.

A metáfora no discurso educativo

https://books.google.com/books?id=hjvLVbA16r8C&printsec=frontcover&dq=metaphors+for+education&hl=en&sa=X&ved=0ahUKEwjJnfqe8 rKAhXIcj4KHZuuBUoQ6AEIPTAE#v=onepage&q=metaphors%20for%20education&f=false

Lynne Cameron, uma conhecida académica da Universidade de Leeds, aplica a teoria dos conceitos de Vygotsky à análise da metáfora e investiga a negociação da utilização da metáfora na sala de aula por professores e alunos.

Metáforas em uso

https: //philconf. cas2 .lehi gh .edu/

Uma conferência que apresenta um debate centrado nas metáforas em uso, realizada na Universidade de Lehigh. Académicos locais, nacionais e internacionais examinam o papel que as metáforas desempenham na filosofia. Um vídeo valioso!

Metáforas da educação

https://books.google.com/books?id=plhiAAAAMAAJ&q=metaphors+for+education&dq=metaphors+for+education&hl=en&sa=X&ved=0ahUKEwjJnfqe8 rKAhXIcj4KHZuuBUoQ6AEIJTAA

O Professor William Taylor apresenta uma panorâmica completa da utilização da metáfora no discurso educativo e discute a imaginação da metáfora em relação aos conceitos de educação.

Metáforas que os estudantes de investigação utilizam

http://www.nova.edu/ssss/QR/QR18/pitcher3 .pdf

O autor descobre algumas metáforas interessantes que descrevem a forma como os estudantes encaram a investigação. O artigo em formato pdf pode ser apreciado tanto em linha como por descarregamento.

Metáforas pelas quais vivemos

https://books.google.com/books?id=r6nOYYtxzUoC&printsec=frontcover&dq=metaphors+for+university&hl=en&sa=X&ved=0 ahUKEwj -aaO8PrKAhWESSYKHRnHBAQQ6AEINjAB#v=onepage&q=metaphors%20for%20university&f=false

Um clássico de George Lakoff e Mark Johnson.

Novas metáforas para novas compreensões

https://www.asee.org/public/conferences/32/papers/9010/download

Um artigo que demonstra metáforas para o ensino da engenharia.

Seis metáforas para o legado

http://www.lewis-clark.org/article/3038

Seis metáforas são introduzidas de forma vívida num esforço para "descobrir" o que o Lewis & Clark College tem sido ao longo da sua história de existência e funcionamento.

Metáforas assumidas no ensino superior e as mensagens que transmitem

http : //staffblogs.le. ac .uk/loproj ect/2014/05/22/metaphors/

Uma publicação de Kerry Dobbins no sítio Web da Universidade de Leicester. Analisa algumas das grandes metáforas e discute as suas conotações.

Para uma nova compreensão da universidade através de metáforas

http://www.academia.edu/2219236/Towards uma nova compreensão da universidade Através de metáforas

Um estudo sobre a perceção da universidade pelos estudantes através do uso de metáforas. Um artigo descarregável em formato pdf.

As universidades como metáforas: From McUniversities to Ivory Towers http://www.21caf.org/uploads/1/3/5/2/13527682/kindsiko-hrd- conference proceedings.pdf

Um artigo em pdf que pode ser lido em linha ou descarregado.

Utilizar metáforas políticas para compreender a política educativa nos países em desenvolvimento http://eprints.lse.ac.uk/49983/1/ libfile repository Content

Nordensvard,%20J Usi ng%20political%20metaphors%20to%20understand%20educational%20policy%20in %20developing%20countries%20the%20case%20of%20Ghana%20and%20informal %20communities%20pdf%20(lsero).pdf

Uma discussão interessante e intrigante sobre a forma de utilizar metáforas políticas para compreender as políticas educativas nos países em desenvolvimento. O artigo, em formato pdf, pode ser descarregado facilmente.

De onde vêm as metáforas: Reconsiderar as metáforas em contexto

https://books.google.com/books?id=Ny3RBQAAQBAJ&pg=PA207&dq=metaphors +para+a+universidade&hl=pt&sa=X&ved=0ahUKEwj-

oaaO8PrKAhWESSYKHRnHBAQQ6AEIUjAG#v=onepage&q=metaphors%20for% 20university&f=false

Zoltàn Kovecses, um eminente académico no estudo da metáfora, examina a base teórica ou o fundamento metafórico da teoria da metáfora concetual.

Anexo 2: Metáforas para a universidade: Alguns livros de leitura obrigatória

Para uma universidade mais perfeita - Jonathan R. Cole - Assuntos Públicos, 2016 - 432 páginas.

Jonathan R. Cole, antigo reitor e atual professor universitário na Universidade de Columbia, identifica os papéis de liderança que as grandes universidades americanas devem desempenhar para manter a proeminência mundial e reforçar o estatuto intelectual e a missão social nos domínios da tecnologia, das humanidades, da cultura e da economia.

Compreender a universidade: Instituição, ideia, possibilidades - Ronald Barnett - Routledge -2015 - 230 páginas.

Terceiro volume de uma trilogia destinada a compreender de forma sistemática e exaustiva a complexidade da universidade, este livro examina as condições e as possibilidades subjacentes à universidade e que a afectam, com mensagens para a definição de políticas, estratégias e práticas.

O ensino superior na América - Derek Bok - Princeton University Press, 2015 - 496 páginas.

Esta é uma análise abrangente e autorizada das condições actuais das faculdades e universidades, realizada por Derek Bok, um dos mais respeitados especialistas em educação dos Estados Unidos, Professor de Investigação do 300º Aniversário da Universidade de Harvard e vigésimo quinto presidente de Harvard, de 1971 a 1991, e presidente interino de 2006 a 2007. Examinando minuciosamente todo o sistema, o autor determina quais as críticas ao ensino superior que são infundadas ou exageradas, quais as questões que suscitam preocupações genuínas e o que deve ser feito para melhorar a situação.

A nova universidade americana - Michael M. Crow, William B. Dabars - John Hopkins University Press, 2015 - 360 páginas.

Michael M. Crow e o coautor William B. Dabars reinventam a universidade pública de investigação com um novo modelo para que estas universidades cumpram os seus objectivos em matéria de descoberta, ensino e serviço público.

Pensar e repensar a universidade: As obras selecionadas de Ronald Barnett - Ronald Barnett - Routledge, 2014 - 292 páginas.

Ronald Barnett, um dos principais filósofos sociais da universidade e do ensino superior, reúne 15 dos seus principais escritos, em particular artigos de revistas de referência que consideram a universidade como concetual, crítica, prática e imaginativa, ajudando assim a iluminar de novas formas e a reorientar as práticas na universidade e no ensino superior.

Universidades no fluxo do tempo: Uma exploração do tempo e da temporalidade na vida universitária - Paul Gibbs, Oili-Helena Ylijoki, Carolina Guzman-Valenzuela, Ronald Barnett - Routldege, 2014 - 222 páginas.

Com a tentativa de suscitar um debate sobre o impacto e a utilização do tempo na universidade, o livro desenvolve uma compreensão interdisciplinar das questões temporais do ensino superior e das suas instituições, abordando a velocidade crescente de produção de estudantes capazes e de investigação inovadora, bem como as pressões de responsabilização dos governos centrais e do comércio. Ao fazê-lo, o livro abre novos espaços para o desenvolvimento da universidade e da sociedade civil.

Metáforas internas centrais e lideranças dos presidentes de faculdades comunitárias: Significados metafóricos e associações determinam práticas de liderança - La Ronna DeBraak - Scholars ' Press, 2014 - 132 páginas.

Este estudo identificou as metáforas de 8 presidentes de colégios comunitários. Verificou-se que as suas principais metáforas internas são de natureza altamente idiossincrática, reflectindo assim caraterísticas únicas e distintivas dos indivíduos que percepcionam e interiorizam experiências históricas.

Como funciona a faculdade - Daniel F. Chambliss, Christopher G. Takacs - Harvard University Press, 2014 - 224 páginas.

Os autores analisam a reação dos estudantes de uma faculdade de artes liberais de Nova Iorque à qualidade do ensino. Com base em 8 anos de observações, concluíram que "para a maioria dos estudantes, a faculdade funciona melhor quando proporciona a motivação diária para aprender, e não apenas o acesso à informação" e que "melhorar o ensino superior significa concentrar-se na qualidade das relações dos estudantes com mentores e colegas, pois quando os estudantes criam os laços certos, tiram o máximo partido da sua educação".

O ensino superior como um bem público: Critical perspectives on theory, policy andpractice - Ourania Filippakou, Garath Williams - Peter Lang Publishing Inc., 2014 - 212 páginas.

Este volume levanta a questão de saber se é apropriado e inevitável que os sistemas de ensino superior cresçam tanto e de forma tão diversificada. Os autores concluem que a única forma realista de o fazer é analisar o ensino superior como um agregado de transacções de mercado, e não como um bem público intrínseco.

Metáforas para, na e da investigação em educação - Warren Midgley, Karen Trimmer, Andy Davies - Cambridge Scholars Pubishing, 2014 - 245 páginas.

Esta coleção especial de artigos é composta por uma variedade de abordagens filosóficas, teóricas e metodológicas que examinam as metáforas como instrumentos para descrever, compreender e inspirar a investigação em educação, numa tentativa de abordar questões como: Como é que as metáforas permitem novas compreensões sobre os pressupostos filosóficos subjacentes à investigação em educação; como é que as metáforas ajudam a explicar questões metodológicas na investigação em educação; e como é que as metáforas proporcionam novas experiências na realização ou participação na investigação em educação.

Imaginando a universidade - Ronald Barnett - Routledge, 2013 - 200 páginas.

O segundo de uma trilogia para compreender de forma sistemática e exaustiva a complexidade da universidade, este livro examina forense e questiona criticamente muitas das ideias actuais da universidade, incluindo a ideia dominada da universidade empresarial, e propõe ver a universidade como uma universidade que tem a capacidade de se reimaginar continuamente, a universidade imaginante.

Pensar o ensino superior - Paul Gibbs, Ronals Barnett - Springer Science & Business Media, 2013 - 1999 páginas.

Com a tentativa de explorar a filosofia subjacente ao ensino superior numa era de mudança, este volume recolhe alguns dos melhores artigos para inspirar novos desenvolvimentos na forma como pensamos sobre as complexidades do ensino superior e as opções disponíveis.

A universidade do futuro: Ideias e possibilidades - Ronald Barnett - Routledge, 2012 - 246 páginas.

Estudiosos com perspectivas interdisciplinares e internacionais imaginam formas de enquadrar o futuro da universidade com possibilidades arrojadas e imaginativas, identificando o papel da universidade na sociedade e as novas vias que se lhe abrem, bem como as questões fundamentais que se colocam ao seu desenvolvimento.

A grande universidade americana: A sua ascensão à preeminência, o seu papel nacional indispensável, porque deve ser protegida - Jonathan R. Cole - Public Affairs, 2012 - 640 páginas.

Sociólogo e educador americano, reitor e decano das faculdades da Universidade de Columbia de 1989 a 2003, o segundo mais antigo diretor académico da história da universidade, Jonathan R. Cole apela ao reconhecimento das contribuições das grandes universidades de investigação americanas para o bem-estar nacional.

A organização do ensino superior: Gerir as faculdades para uma nova era - Michael N. Bastedo - John Hopkins University Press, 2012 - 376 páginas.

Com vista a compreender melhor a forma como os académicos aplicam as teorias organizacionais e os conceitos de planeamento estratégico prevalecentes na gestão empresarial, esta coleção de artigos reúne explorações de formas novas e emergentes através das quais as teorias organizacionais abordam as principais preocupações contemporâneas no ensino superior.

O ensino superior e o bem público: imaginar a universidade - Jon Nixon - Bloomsbury Academic, 2012 - 176páginas.

"Belamente escrito, de grande alcance e oferecendo uma visão muito necessária e humana do ensino superior como serviço ao bem público", este livro propunha que a universidade fosse hoje melhor "reimaginada como um bem social, cívico e cosmopolita que é central para o bem-estar da sociedade civil e dos seus cidadãos".

Ser uma universidade - Ronald Barnett - Routledge, 2010 - 200 páginas.

Primeiro volume de uma trilogia destinada a compreender de forma sistemática e exaustiva a complexidade da universidade, este livro examina a origem e a evolução das ideias sobre a universidade, desde o conceito de universidade metafísica, passando pela universidade científica, pela universidade empresarial e pela universidade corporativa. Mais importante ainda, o autor interroga-se sobre "o que poderá vir a acontecer?" e "examina as possibilidades futuras da ideia de universidade", propondo inclusivamente o conceito de "universidade líquida e de universidade autêntica".

Metáfora para a aprendizagem: Perspectivas transculturais - Erich A. Berendt - Benjamins Publishing, 2008 - 249 páginas.

Este volume sucinto, editado por Erich A. Berendt, contém trabalhos académicos de autores de línguas árabes, chinesas, inglesas, húngaras, japonesas, malaias, polacas, russas e sul-africanas que consideram aspectos da aprendizagem, tais como

escrita técnica, ensaios, interação conversacional, corpus de jornais e provérbios, bem como a utilização de metáforas, para revelar o impacto dos padrões metafóricos conceptuais e das metáforas convencionais nos valores sociais e nas perspectivas culturalmente condicionadas da aprendizagem.

As nossas faculdades com fraco desempenho: Um olhar sincero sobre o quanto os estudantes aprendem e porque deveriam aprender mais - Derek Bok - Princeton Unviersity Press, 2008 - 440 páginas. Neste livro, o antigo presidente de Harvard, Derek Bok, examina os progressos que os estudantes universitários realmente fazem em relação aos objectivos amplamente aceites do ensino universitário. Descobriu que, "embora a maioria dos estudantes obtenha ganhos em muitos aspectos importantes, melhoram muito menos do que deveriam em áreas tão importantes como a escrita, o pensamento crítico, as competências quantitativas e o raciocínio moral". Além disso, a maioria dos finalistas universitários não sente que tenha feito progressos substanciais ao falar uma língua estrangeira, ao desenvolver interesses culturais e estéticos e ao aprender o que precisa de saber para se tornar um cidadão ativo e informado. "De um modo geral, apesar do aumento dos seus recursos, de uma tecnologia mais potente e de centenas de novos cursos, as faculdades não podem ter a certeza de que os estudantes estão a aprender mais do que aprendiam há cinquenta anos."

Mudança de identidades no ensino superior: Voicing perspectives - Ronald Barnett, Roberto Di Napoli - Routledge, 2007 - 240 páginas.

Original no conteúdo e dialógico na forma, este livro oportuno e inovador de académicos da Europa, do Reino Unido, da América do Norte e da Austrália explora o sentido de identidade, reflectindo tanto sobre a investigação e os interesses académicos como sobre as experiências de trabalho, ajudando a alargar o espaço contemporâneo para debates sobre o futuro do próprio ensino superior.

A universidade em mutação: Novas relações entre investigação, bolsas de estudo e ensino - Ronald Barnett - Society for Research in Higher Education / Open University Press, 2005 - 224 páginas.

O livro defende que a universidade está em processo de remodelação, através da evidência de práticas de investigação, ensino, bolsas de estudo e da sua relação na universidade.

As universidades no mercado: A comercialização do ensino superior - Derek Bok - Princeton Unviersity Press, 2004 - 256 páginas.

Este livro, da autoria de Derek C. Bok, um dos mais importantes educadores americanos, Presidente Emérito e Professor Universitário do Centésimo Aniversário da Universidade de Harvard, apresenta o primeiro olhar abrangente sobre a crescente comercialização das instituições académicas.

Para além de toda a razão: Viver com a ideologia na universidade. - Ronald Barnett - Sociedade de Investigação do Ensino Superior e Universidade Aberta - 2003 - 231 páginas.

O autor deste livro considera que a universidade moderna está a ser afastada da razão ou da ideia, e que está a ser minada por uma cultura universitária de vida ideológica.

The uses of the university - Clark Kerr - Harvard University Press, 2001 - 288 páginas.
Este livro, da autoria de Clark Kerr, Presidente Emérito e antigo Chanceler e Professor Emérito da Universidade da Califórnia, Berkeley, é considerado como o mais importante livro sobre a universidade moderna alguma vez escrito. Metáforas como "Multiversidade", "ouriços", "raposas", etc., inspiram gerações de líderes educativos, decisores políticos e inventores de metáforas.

Realizar a universidade - Ronald Barnett - McGraw-Hill Education, 1999 - 200páginas.

O autor defende que a universidade perdeu o seu rumo, que precisa mais do que nunca de novas razões e que, se quisermos clarificar o seu novo papel no mundo, temos de encontrar um novo vocabulário e um novo sentido de objetivo. Assim, o livro oferece uma reformulação fundamental da forma como entendemos a universidade moderna.

O fim do conhecimento no ensino superior - Ronald Barnett, Anne Griffin - Casell, 1997 - 192 páginas.

Esta coleção de artigos questiona se é possível identificar uma base justificada, segura e coerente para o nosso conhecimento do mundo e de nós próprios. Explora as várias dimensões da crise de confiança na ciência e no ensino superior, mostrando como os pensadores de várias disciplinas reagem a este desafio e como reavaliam a base da sua investigação.

Como funcionam as faculdades: A cibernética da organização e liderança académicas - Robert Birnbaum - Jossey-Bass, 1991 - 280 páginas.

O autor compara a universidade a uma organização social "frouxamente acoplada", entre outras coisas, e é considerado pelo *Journal of Higher Education* como "uma das melhores análises teóricas e aplicadas da organização e liderança académicas universitárias já publicadas".

A universidade: Um manual do proprietário - Henry Ros - W. W. Norton & Company, 1991 - 312 páginas.

Este livro oferece uma visão das faculdades e universidades americanas para responder a questões como a forma como são geridas, os desafios que enfrentam e os problemas que afectam os proprietários do ensino superior - estudantes, professores, antigos alunos, administradores e outros.

MIX
Papier aus verantwortungsvollen Quellen
Paper from responsible sources
FSC® C105338

Printed by Books on Demand GmbH, Norderstedt / Germany